EXPOSITION

DE 1738

—

V

COLLECTION

DES

LIVRETS

DES

ANCIENNES EXPOSITIONS

DEPUIS 1673 JUSQU'EN 1800

SALON DE 1738

V

PARIS

LIEPMANNSSOHN ET DUFOUR

ÉDITEURS

11, rue des Saints-Pères

—

MAI 1869

COLLECTION

DES

LIVRETS

DES

ANCIENNES EXPOSITIONS

DEPUIS 1673 JUSQU'EN 1800

———•———

EXPOSITION DE 1738

———❈———

PARIS

LIEPMANNSSOHN ET DUFOUR

ÉDITEURS

11, rue des Saints-Pères

—

MAI 1869

NOMBRE DU TIRAGE

DU LIVRET DE 1738.

375 exemplaires sur papier vergé.
 25   —   sur papier de Hollande.
 10   —   sur chine.

Nº

Ce livret est vendu seul 2 fr. 5o.

NOTICE BIBLIOGRAPHIQUE.

Il y a deux éditions : la première et la plus commune a 31 pages, 175 numéros avec la mention relative à Stiémart et à Reydellet et 2 p. d'arrêt et de privilége; la seconde édition compte 32 p. et 2 d'arrêt. On a ajouté les numéros 176 et suivants (*les quatre saisons destinées pour le château de la Muette*). En outre, la première édition offre quelques variantes de peu d'importance; nous allons signaler les principales, et, suivant la règle que nous nous sommes tracée, nous reproduirons le texte de la seconde édition.

Au n° 46, au lieu de : « la blancheur de sa robe marque la candeur et l'intégrité de Son Eminence, » la 1re édition porte : « marque la candeur et l'équité de Son Eminence. » — N° 70, on trouve sur la 1re éd.: « autre repréſentant M. Manſard, architecte du Roi, par M. De La Tour, agréé de l'Académie, » au lieu de: « Portrait de Mme Reſtout en coëffure. » La 2e édition nous révèle ici, comme on voit, la substitution d'un portrait à un autre. — N° 149 (13ᵉ ligne p. 29), la 1ʳᵉ éd. porte *Antereau* au lieu de *Autereau.*

A ces variantes, nous ajouterons quelques notes manuscrites que nous avons trouvées sur d'anciens exemplaires. Au n° 66 se trouvait cette rectification : *Ryndeveld (Arnold).* Le nom de M. Dailly (n° 123) est ainsi corrigé dans une édition manuscrite : « *de Wailly.* »

Les tableaux qui ne portent pas de nom d'auteur sont tous de l'artiste nommé immédiatement après. Ainsi les Nᵒˢ 7 et 8 sont de Coypel, 26 de Chardin, 30 de Servandoni, etc. (V. le *Mercure de France*). Cette règle ne présente qu'une seule exception : le n° 53 est de Tocqué, auteur du n° 52, et non du 54.

CRITIQUES :

Le *Mercure de France*, numéro d'octobre, p. 2178. L'exposition, dit le *Mercure*, dura du 18 août au 10 septembre.

Description raisonnée des tableaux exposés au Louvre. — Lettre à Mᵐᵉ la marquise de S. P. R., *signée* L. C. D. N. (le comte de ....), 9 pages in-8. Datée de Paris le 1ᵉʳ septembre 1738.

EXPLICATION

DES PEINTURES

SCULPTURES

ET AUTRES OUVRAGES

DE MESSIEURS

DE L'ACADÉMIE ROYALE

Dont l'Expofition a été ordonnée, fuivant l'intention de SA MAJESTÉ, par M. ORRY, Miniftre d'État, Contrôleur General des Finances, Directeur General des Bâtimens, Jardins, Arts & Manufactures du Roy, & Vice-Protecteur de l'Académie ; dans le grand Salon du Louvre, à commencer au 18. Aouft jufqu'au 10. Septembre de la préfente année 1738.

A PARIS, RUE S. JACQUES

De l'Imprimerie de JACQUES COLLOMBAT, Premier Imprimeur du Roy, de la Maifon de SA MAJESTÉ, & de l'Académie Royale de Peinture & de Sculpture.

M. DCC. XXXVIII.

AVEC PRIVILÉGE DU ROY

AVERTISSEMENT.

Comme l'Expofition fe fait dans un grand Salon quarré, & que M. Stiemart, chargé du foin de cette décoration, a été obligé, pour garder l'ordre & la fymétrie, de placer de côté & d'autre, les Ouvrages d'un méme Auteur, l'on a eu attention dans cette Defcription, de défigner la hauteur & largeur de tous les Tableaux de grandeur extraordinaire; & à l'égard des autres dont les formes font moyennes & petites, *on ne pourra manquer, le Livre à la main, de les reconnoître, par l'arrangement indiqué, qui y eſt exactement obſervé, par ordre de Numeros ſur chaque nature d'Ouvrages.*

EXPLICATION

Des Peintures, Sculptures, & autres Ouvrages de Messieurs de l'Académie Royale.

LE Succès qu'a eu la derniere Expofition ayant déterminé le Roy à en ordonner une pareille cette année, l'Académie Royale de Peinture & de Sculpture, toujours attentive à fes devoirs, n'a rien négligé pour répondre aux intentions de Sa Majefté.

Ce grand Prince, auffi bienfaifant qu'éclairé, non content d'aimer & de proteger les beaux Arts, veille fans ceffe à ce qui peut en augmenter la gloire; & c'eft à cette heureufe difpofition que le Public eft redevable d'une feconde Fête, où les travaux des excellens Maîtres ne feront pas moins l'éloge du Miniftere, que celui de la France.

AVIS.

L'ordre des Numeros commence par les trois grands Tableaux, fous la Corniche à droite de l'Efcalier, & en continuant de même par les rangs de deffous, aprés quoy on reprendra le long de la Corniche du côté de la Cour, y comprenant les deux Croifées auffi jufqu'en bas; on ira enfuite à celle de face, & on reviendra de même par les rangs deffous.

A l'égard des Croifées qui donnent fur le Quay, on commencera par celle du fond, continuant jufqu'à la derniere du côté du Pont Royal.

1. Un grand Tableau en largeur de dix pieds fur autant de haut, reprefentant la Toilette d'Efther, par M. *De Troy*, Profeffeur, Ecuyer, Chevalier de l'Ordre de S. Michel, Directeur de l'Académie de France, à Rome.

2. Un grand Tableau en largeur de dix-neuf pieds fur dix de haut, reprefentant Armide, qui fait détruire par les Génies infernaux le Palais qu'elle leur avoit fait elever pour s'y renfermer avec Renaud & les Plaifirs, par M. *Coypel*, ancien Profeffeur, Ecuyer, Premier Peintre de Monfeigneur le Duc d'Orléans.

3. Autre Tableau de douze pieds fur dix de haut, reprefentant le Couronnement d'Efther, par M. *De Troy*.

4. Un Tableau de cinq pieds fur quatre, reprefentant une Terrine, un Faifan & un Groupe de Gibier pofé fur un Tapis de Turquie, par M. *Oudry*, Académicien.

5. Autre Tableau en hauteur de quatre pieds fur trois de large, reprefentant des Viandes prêtes à mettre en broche, comme Perdrix rouges & grifes; deux Lapereaux & un Faifan piqués, le tout rangé dans un Baffin fur une Table; deux Chapons bardez, & un Rouge, & au-deffus un Quarré de Mouton, un quartier d'Agneau, des Bigarades dans un Panier, & au bas des Poires de bon Chrétien, par M. *Defportes le pere*, Confeiller de l'Académie.

6. Un Tableau, en hauteur de cinq pieds fur quatre de large, reprefentant Adonis qui quitte Venus pour aller à la Chaffe, par M. *Galloche*, Profeffeur.

7. Un Tableau qui reprefente une jeune Veuve devant fon Miroir, oubliant le paffé & prenant des arrangemens pour l'avenir.

8. Autre de cinq pieds fur quatre de haut, reprefentant Armide, qui voulant poignarder Renaud, va ceder à l'Amour; qui prenant ce Heros fous fa protećtion, la fuite de ce Dieu rit de la colere de l'Enchantereffe & célebre d'avance le Triomphe de fon Maître.

9. Autre, plus petit, reprefentant une jeune Afiatique tenant d'une main une Bougie, & de l'autre une Lettre qu'elle femble lire avec attention, par M. *Coypel*.

10. Un Tableau de quatre pieds fur cinq de large, reprefentant la reception de l'Ambaffadeur de la Porte, avec fon Fils & fa fuite, faite par M. Le Blanc, Miniftre de la Guerre, à l'Hôtel Royal des Invalides, où ce Miniftre prefente les premiers Officiers de l'Hôtel qui en forment le Confeil. Les Figures qui compofent ce

fujet font reffemblantes & faites d'après nature, par M. *D'Ulin*, ancien Profeffeur.

11. Un grand Tableau, en largeur d'environ quatorze pieds fur huit de haut, repréfentant une Bataille de Cavalerie paffée en Italie, par M. *Parrocel*, Confeiller de l'Académie.

12. Un Tableau repréfentant un jeune Efclave affis, frappé par fes Camarades, & fon Défenfeur qui retient les coups qu'on luy porte.

13. Une defcente de Croix de Notre Seigneur.

14. Son Pendant, fa Refurrection, par M. *Chriftophe*, Adjoint à Recteur.

15. Le Portrait en Paftel de M. Reftout, Profeffeur de l'Académie, deffinant fur un Portefeüille, par M. *De La Tour*, Agréé de l'Académie.

16. Un Tableau peint en bas relief, repréfentant Silene, barboüillé de Mûres par la Nymphe Eglée, par M. *Oudry*, Académicien.

17. Un petit Tableau repréfentant des Fruits & du Gibier.

18. Autre, de même fujet, par M. *Defportes le pere*, Confeiller de l'Académie.

19. Un petit Tableau repréfentant un Garçon Cabaretier qui nettoye fon Brot, par M. *Chardin*, Académicien.

20. Un petit Tableau repréfentant des Fruits & du Gibier, par M. *Defportes le pere*, Confeiller de l'Académie.

21. Un Tableau repréfentant une jeune Ouvriere en Tapifferie, par M. *Chardin*, Académicien.

22. Un petit Tableau repréfentant des Fruits, du

Gibier & un bout de bas relief, par M. *Desportes le pere*, Conseiller de l'Académie.

23. Un Tableau representant une Récureuse, par M. *Chardin*, Académicien.

24. Un Tableau de forme quarrée, representant une Bacchanale, par M. *Natoire*, Professeur.

25. Un petit Tableau representant les Pelerins d'Emaüs, par M. *Dandré Bardon*, Adjoint à Professeur.

26. Un Tableau representant une Ouvriere en Tapisserie, qui choisit de la Laine dans son panier.

27. Son Pendant, un jeune Ecolier qui dessine, par M. *Chardin*, Académicien.

28. Un Tableau d'Architecture, par M. le Chevalier *Servandoni*, Académicien.

29. Le Portrait de M. Stiémart, Peintre de l'Académie & Garde des Tableaux du Roy, par M. *Tocqué*, Académicien.

30. Un Tableau representant un sujet d'Architecture & de Païsage.

31. Autre de même sujet, par M. le Chevalier *Servandoni*, Académicien.

32. Un Tableau chantourné, de quatre pieds sur cinq de large, representant un Concert champêtre.

33. Autre de même forme & grandeur, representant un repos de Chasse, par M. *De La Joue*, Académicien.

34. Un Tableau de quatre pieds en quarré, representant une Femme occupée à cacheter une Lettre, par M. *Chardin*, Académicien.

35. Un Tableau representant Latone, qui allaite Apollon et Diane, par M. *Lamy*, Académicien.

36. Un Tableau reprefentant Madame de La Haye en Lifeufe.

37. Autre, reprefentant M. de La Haye, fon Epoux, en Aftrologue, par M. *De Lyen*, Académicien.

38. Un Tableau de huit pieds fur fix de haut, reprefentant une Chaffe du Cerf, par M. *Oudry*, Académicien.

39. Un tableau de fix pieds fur cinq, reprefentant un Chrift mis au Tombeau par Jofeph & Nicodéme, par M. *Lamy*, Académicien.

40. Un grand Tableau ceintré en hauteur de dix pieds fur huit de large, reprefentant Moïfe, qui ordonne à Aaron, de la part du Seigneur, de ferrer dans l'Arche la mefure d'un Gomore pleine de Manne, pour laiffer aux Ifraëlites le fouvenir de la nourriture que Dieu leur avoit donnée dans le défert, par M. *Collin de Vermont*, Adjoint à Profeffeur.

41. Un Tableau reprefentant M. l'Abbé de ✳✳✳, en pied, par M. *Aved*, Académicien.

42. Un Tableau deffus de porte chantourné, reprefentant Venus à fa Toilette, par M. *Carlo Van-Loo*, Profeffeur.

43. Un tableau chantourné reprefentant Venus, qui defcend de fon Char foutenûe de l'Amour, pour entrer au Bain, par M. *Boucher*, Profeffeur.

44. Un tableau reprefentant Mercure amoureux d'Herfé.

45. Autre reprefentant Apollon avec Iffé, par M. *Lamy*, Académicien.

46. Un Tableau de cinq pieds de haut fur quatre de large, reprefentant un fujet allegorique de la réûnion de la Lorraine à la France, fous le regne de

Loüis XV, & le Miniftere de Son Eminence Monfeigneur le Cardinal de Fleury, dont voicy l'explication :

Son Eminence y eft reprefentée ayant pour appuy
le Livre des Loix, bafe du Miniftere.

Le Serpent qui l'environne defigne la Prudence; la
continuité du Cercle indique la Gloire, fruit de cette
rare qualité.

L'Equité perfonifiée foutient le Portrait & le con-
temple avec fatisfaction; la blancheur de fa Robe
marque la candeur & l'intégrité de Son Eminence.

Le Niveau eft le fymbole du bon ordre; la Balance
defigne la juftice proportionnelle, qui répand les
grâces avec difcernement.

L'Amour de la vertu couronnée de Lauriers, tient
en main plufieurs Couronnes, dont le but eft l'immor-
talité dûe aux hommes vertueux.

Sous les pieds de l'Equité, un Monftre terraffé
reprefente les principaux vices oppofez à cette vertu.

La Vipere caracterise l'Envie, mere de la jalousie &
de l'ingratitude.

Le Flambeau marque la difcorde; le Masque, la
fourberie.

La Bourfe, étroitement ferrée, eft le symbole de
l'avarice.

Le Bandeau couvre l'erreur, & les oreilles allongées
marquent l'ignorance.

A côté du Portrait, la France & la Lorraine perfo-
nifiées, fe donnent la main en figne d'union.

La Paix remarquable par la branche d'Olivier les
joint & fait connoître, en montrant le Temple de la
Concorde, que c'eft la bonne intelligence qui fait la
richeffe des Etats & qui les rend invincibles.

V.   2*

Au bas du Tableau, l'Hiſtoire aſſiſe ſur des Trophées variez, tranſmet à la Poſterité dans les faſtes du temps, figurez par le Livre qu'elle tient, les grandes actions de Son Eminence, & entr'autres le Traité qui pacifie l'Europe.

Au-deſſus de l'équité ſe voit un Génie qui allie à l'Ecuſſon de la France celui de la Lorraine.

La flâme qui brille ſur la tête de ce Génie déſigne le zele & l'amour pour la Patrie.

On voit dans le Ciel la partie du Zodiaque où préſide le Belier, pour ſignifier que Sa Majeſté Polonoiſe eſt entrée en poſſeſſion de la Lorraine au mois de mars 1737.

L'Abondance, fille de la Paix & mere des Plaiſirs & des Arts, aſſiſe ſur un nuage, verſe ſes dons ſur les Etats unis, en demandant aux deux Parques, [qui préſident à la vie humaine, des longs jours pour celui qui ne les employe qu'à la félicité publique, par M. *Delobel*, Académicien.

47. Un Tableau repreſentant le ſieur Procope, Caffetier, appuyé ſur une Table de Marbre, par M. *Autereau*, agréé de l'Académie.

48. Un Tableau en hauteur de quatre pieds ſur trois de large, repreſentant Lucrece, par M. *Du Mons*, Académicien.

49. Le Portrait de M. de Solmaquier, en Chaſſeur, par M. *De Lyen*, Académicien.

5o. Un Tableau repreſentant le Portrait de Madame Harant, en Coëffure & en Mantelet, par M. *Tocqué*, Académicien.

51. Un grand Tableau en hauteur de dix pieds ſur environ ſix de large, repreſentant le Portrait en pied

de M. le Chevalier d'Orleans, Grand Prieur de France, Commandant fur un Port de Mer, par M. *Nattier*, Académicien.

52. Un Tableau reprefentant M. Babot, Joyalier, par M. *Tocqué*, Académicien.

53. Un Tableau reprefentant M. Villemin, Préfident au Préfidial de Chartres, en Chaffeur.

54. Le Portrait de M. Pellet, Avocat au Confeil du Roy & ancien Echevin, en Robe d'Echevin, par M. *Geuflain*, Académicien.

55. Un Tableau en hauteur de huit pieds fur fix de large, reprefentant un Bufte de Bacchus, où l'Amour, qui prend fon parti, le couronne de Myrthe, luy ayant pendu fon Carquois au col; un grand Surtout à trois grades garni de fruits d'Italie, & fur les Gradins des vafes de Pierres précieufes enrichis de bas relief; la Coupe de Bacchus, où le brandon de l'Amour s'éteint dans le vin, ayant son Bandeau, Arc & Flêches brifez, par M. *Huilliot*, Académicien.

56. Un Portrait en Paftel, reprefentant Madame de ***, habillée avec un Mantelet Poïonois, réflechiffant, un Livre à la main, par M. *De La Tour*, agréé de l'Académie.

57. Un grand Tableau en hauteur de huit pieds fur quatre de large, reprefentant un fujet Bachique, dans lequel Bacchus reçoit à boire d'un Enfant, accompagné de deux Bacchantes et de Silene, par M. *Nattoire*, Profeffeur.

58. Un grand Tableau ceintré de douze pieds fur dix reprefentant la défaite de Porus par Alexandre, par M. *Carlo Van-Loo*, Profeffeur.

59. Un Païſage de quatre pieds en quarré repreſentant une Pêche.

60. Autre, de même forme & grandeur, repreſentant une arrivée de Chaſſeurs, par M. *Franciſque
Milet*, Académicien.

61. Un Tableau de quatre pieds ſur trois de large,
repreſentant les Fleurs, les Fruits & le Gibier qui ſe
trouvent au Printemps.

62. Autre de même forme & même ſujet, par
M. *Deſportes le Pere*, Conſeiller de l'Académie.

63. Un Tableau repreſentant Mademoiſelle de Rohan,
fille du Prince de Guimenée, mariée depuis peu à
M. le Marquis de Crevecœur, fils du Prince de
Maſſera en Eſpagne, ſous la forme d'Hébé, Déeſſe de
la Jeuneſſe.

64. Autre, repreſentant Mademoiſelle de Caniſy,
Epouſe de M. le Marquis d'Antin, Vice-Amiral, tenant
une Perruche, par M. *Nattier*, Academicien.

65. Un Tableau repreſentant M. Pitre, Joyalier,
appuyé ſur un Livre.

66. Autre, repreſentant M. Rinduel le jeune, Hol-
landois, tenant un Livre de Muſique, par M. *Tocqué*,
Académicien.

67. Un Tableau repreſentant une Danſe champêtre,
dans une Iſle.

68. Autre, repreſentant un Concert champêtre, par
M. *Lancret*, Conſeiller de l'Académie.

69. Un Portrait en Paſtel de Mademoiſelle de la
Boiſiere, ayant les mains dans un Manchon, appuyée
ſur une Fenêtre.

70. Portrait de Madame Restout, en coëffure, par
M. *De La Tour*, agréé de l'Académie.

71. Un petit Tableau reprefentant des Gens qui paffent dans une Barque, par M. *Francifque Milet*, Académicien.

72. Un Tableau reprefentant le Soleil levant.

73. Autre, reprefentant le Soleil couchant differemment traité.

74. Un Païfage avec des Figures & des Animaux fur le devant.

75. Autre, reprefentant des Bergers avec leurs Troupeaux, par M. *De Chavanne*, Académicien.

76. Un Tableau reprefentant M. Raguenet, peint d'un goût de fantaifie pictorefque, par M. *Allou*, Académicien.

77. Un Tableau, deffus de Porte de trois pieds de haut fur quatre de large, reprefentant l'origine de l'Amour démontré par la beauté, tenant un verre ardent, qui allume le Flambeau de l'Amour, par M. *Boizot*, Académicien.

78. Un Tableau reprefentant M. Burgo, en Habit ordinaire, par M. *Allou*, Académicien.

79. Un Tableau reprefentant un petit païfage d'après nature, avec des Animaux fur le devant, par M. *Oudry*, Académicien.

80. Un devant de Cheminée ceintré par le haut, reprefentant une Urne, accompagnée d'Enfans portant une Mappemonde; & fur l'éminence un Cheval Pegafe, par M. *De La Jouë*, Académicien.

81. Un petit Païfage, où paroît une groffe Tour, d'après nature, par M. *Oudry*, Académicien.

Quatre Sujets tirez de la Fontaine :

82. Le Gafcon puni.

83. La Femme avare & le Galant Efcroc.

84. Le Faucon.

85. Les Trocqueurs, par M. *Lancret*, Confeiller de l'Académie.

86-87. { Deux Ovales reprefentant Meffieurs Slodtz, freres, Sculpteurs, par M. *Autereau*, agréé de l'Académie.

88. Un Tableau de fix pouces fur huit, orné de Figures et d'Animaux.

89. Un Païfage en long, reprefentant un repos.

90. Autre petit, de fix pouces fur huit, orné de Figures et d'Animaux, par M. *Francifque Milet*, Académicien.

91. Une Efquiffe reprefentant Diane au Bain par M. *Tremolieres*, Adjoint à Profeffeur.

92. Un Tableau de quatre pieds fur trois, reprefentant la Fable du Coq & de la Perle dans le Fumier, par M. *Huilliot*, Académicien.

93. Une Efquiffe reprefentant le Triomphe de Galatée fur les Eaux, par M *Tremolieres*, Adjoint à Profeffeur.

94. Un grand Tableau en largeur de feize pieds fur environ douze de haut, reprefentant un Tigre de la grande efpece, qui combat un Cheval rayé, tel qu'on en trouve aux Indes; & fur le derriere, un Rhinoceros & une Gazelle; au bas, des Tatous ou Armadilles, un grand Arbre dont le fruit eft de la Caffe, beaucoup d'Oyfeaux, Poiffons, Plantes & Arbres des Indes, par M. *Defportes le Pere*, Confeiller de l'Académie.

SUR LA CORNICHE.

95. Un grand Tableau ceintré en hauteur de dix

pieds fur fix, reprefentant une Vierge affife fur des Nuées, tenant l'Enfant Jefus; Tableau deftiné pour l'Eglife des Miffions Etrangeres, par M. *Dandré Bardon*, Adjoint à Profeffeur.

96. Un grand Tableau, en largeur de vingt-un pieds fur onze de haut, reprefentant une Chaffe où paroît le Roy; dans le fond du Tableau, un Cerf qui tient contre les chiens fur les rochers de Franchard, dans la Forêt de Fontainebleau: fait d'après nature par ordre du Roy, pour être executé en Tapifferie pour Compiegne, par M. *Oudry*, Académicien.

Sur la Corniche.

97. Un grand Tableau en hauteur de treize pieds fur neuf de large ceintré, reprefentant les deux fils du Grand Prêtre Aaron, qui, pour avoir pris du feu étranger dans leur encenfoir, furent tués d'un coup de foudre par l'Ange envoyé de Dieu, lorfqu'ils alloient encenfer l'Autel des Parfums; Aaron exprimant fa douleur, reçut ordre de Moyfe fur le champ de ne les point pleurer, mais de les laiffer pleurer au peuple, par M. *Courtin*, Académicien.

98. Un Tableau en hauteur de huit pieds fur cinq de large, reprefentant S. Pierre qui guérit le Boiteux à la porte du Temple, deftiné pour S. Pierre du Malthois, à Orléans, par M. *Reftout*, Profeffeur.

99. Un Tableau d'environ feize pieds fur douze d'hauteur, reprefentant une voiture chargée de Cannes à fucre, & autres Fruits des Indes, tirée par deux Taureaux; deux Nègres, qui portent un Hamac couvert d'un riche tapis, qui fert fouvent à porter leur

Maître; il y a dans le Païfage un Moulin à fucre, beaucoup d'oifeaux, arbres, plantes, fleurs & fruits des mêmes climats; ce Tableau eft ordonné par le Roy pour être exécuté en Tapifferie aux Gobelins, par M. *Defportes le Pere*, Confeiller de l'Académie.

100. Un Tableau reprefentant la Comédie.

101. Autre, reprefentant l'hymen d'Hercule & d'Hebé, enchaîné par l'Amour avec des Guirlandes de fleurs, par M. *Tremolieres*, Adjoint à Profeffeur.

102. Un Tableau reprefentant l'amitié de Castor & Pollux, par M. *Carlo Van-Loo*, Profeffeur.

103. Un tableau chantourné, reprefentant la difpute de Minerve & de Neptune au fujet de la Ville d'Athenes, par M. *Reftout*, Profeffeur.

104. Un Tableau deffus de porte, chantourné, reprefentant les trois Graces qui enchaînent l'Amour, par M. *Boucher*, Profeffeur.

105. Un Tableau deffus de porte, chantourné, reprefentant Neptune & Amphitrite, par M. *Reftout*, Profeffeur.

106. Un Tableau reprefentant l'éducation de l'Amour par Mercure, par M. *Boucher*, Profeffeur.

107. Un Païfage de cinq pieds fur quatre de large, reprefentant un grand Pont, des Vaches & des Moutons fur le devant, par M. *Oudry*, Académicien.

108. Un Trophée de chaffe en hauteur de dix pieds fur deux de large, par M. *Huilliot*, Profeffeur.

109. Un Tableau chantourné, reprefentant les trois Graces qui enchaînent l'Amour, par M. *Nattoire*, Profeffeur.

110. Un Tableau reprefentant Venus qui embraffe l'Amour, par M. *Tremolieres*, Adjoint à Profeffeur.

111. Un Tableau reprefentant l'éducation de l'Amour par le fecours de Mercure et de Venus.

112. Autre reprefentant Venus qui défarme l'Amour, par M. *Boizot*, Académicien.

113. Un petit Efquiffe reprefentant des Buveurs, par M. *Delobel*, Académicien.

114. Un Tableau reprefentant l'Amour piqué par une Abeille, par M. *Boizot*, Académicien.

115. Un Tableau de trois pieds fur deux et demy de haut, reprefentant un repos de Diane, par M. *Jeaurat*, Adjoint à Profeffeur.

116. Un petit Tableau reprefentant le Portrait du fils de M. Godefroy, Joyalier, appliqué à voir tourner un Toton.

117. Autre reprefentant un jeune Deffinateur, taillant fon crayon, par M. *Chardin*, Académicien.

118. Le Portrait de M. Mercier, reprefenté de profil, coëffé d'un bonnet, par M. *Allou*, Académicien.

119. Un Tableau d'environ trois pieds fur quatre, reprefentant une jeune Bacchante joüant avec des enfans, par M. *Maffe*, Académicien.

120. Un petit Bacchanal d'enfans, l'un étant fur une Chevre, accompagné de fes Camarades, & l'autre qui eft tombé avec fon tambour de Bafque, par M. *Chriftophe*, Adjoint à Recteur.

121. Le Portrait de M. le Commandeur Solart, Ambaffadeur de Sardaigne, en habit de Velours cramoifi, galonné d'or & cuiraffé, tenant un papier.

122. Le Portrait de M. l'Abbé du Rouget, Aumônier de feuë madame la Ducheffe de Berry, en habit violet, par M. *Jouvenet*, Académicien.

Un Cadre qui renferme plufieurs Medailles de l'Hiftoire du Roy.

Le Portrait en cire du Pape regnant, modelé à Rome d'après Sa Sainteté, l'année derniere.

Celui du Czar Pierre I. auffi modelé d'après nature, par M. *Le Blanc*, Graveur des Medailles du Roy.

Les Œuvres gravées de M. *Cars*, Académicien. Et de M. *Aveline*, Agréé de l'Académie, vis-à-vis les Œuvres de M. *Le Bas*, auffi Agréé de l'Académie.

123. Le Portrait de M. Dailly Architecte, tenant un Livre, & ayant un Compas fur une table & autres attributs de cet Art, par M. *Allou*, Académicien.

124. Un Portrait de M. Bourdelin, Docteur, Regent & Doyen de la Faculté de Médecine de Paris, par M. *Geuflain*, Académicien.

125. Un Tableau reprefentant la Sculpture, par M. *Boizot*, Académicien.

126. Un Tableau deffus de porte, chantourné tout autour, reprefentant la Mufique, par M. *Tremolieres*, Adjoint à Profeffeur.

127. Un Tableau reprefentant Adolonyme, qui paroît devant Alexandre en habit Royal, par M. *Reftout*, Profeffeur.

128. Un Tableau reprefentant M. Chapard, cy-devant premier Valet de Chambre de Monfeigneur le Duc de Chartres, tenant une flûte Allemande.

129. Le portrait de madame Poinffinet, tenant un Livre de Mufique, par M. *Geuflain*, Académicien.

Seconde Croisée.

Les Œuvres en gravûres de M. *Tardieu* & de M. *Moireau*, Académiciens, vis-à-vis les Œuvres de M. *De Larmeſſin*, Académicien, & de M. *Aveline*, Agréé de l'Académie.

130. Le Portrait de Madame Loys, par M. *Aved*, Académicien.

131. Le Portrait d'une dame avec ſon enfant joüant de la Serinette, par M. *Delobel*, Académicien.

132. Un Tableau repreſentant l'Architecture, par M. *Boiʒot*, Académicien.

133. Un Tableau repreſentant la Poëſie, par M. *Trémolieres*, Adjoint à Profeſſeur.

134. Un Tableau repreſentant un ſujet de la Fable : Gageure de Phebus & de Borée, pour ôter le manteau du Voyageur, par M. *Reſtout*, Profeſſeur.

135. Le Portrait de M. de Bierne, repreſentant un Juge Conſul, tenant un papier.

136. Le portrait de M. Ferrand, Avocat au Parlement, en Robe, par M. *Allou*, Académicien.

137. Le Portrait de Madame de Varenne, en Liſeuſe, par M. *Aved*, Académicien.

138. Le Portrait de M. Huquer, Graveur.

139. Un deſſus de porte en travers, repreſentant une Femme qui dort, tenant des Pavots.

140. Son pendant de même grandeur, repreſente une femme à qui un Amour apporte une Colombe, par M. *Delobel*, Académicien.

141. Un Tableau en largeur de huit pieds ſur environ ſix, repreſentant une Bataille où les Allemands

défont les Turcs, par M. *Parrocel*, Confeiller de l'Académie.

142. Un Ovale reprefentant le portrait de M. Nattier, par *luy-même*, fous les attributs de la Peinture.

143. Celuy de Madame fon époufe, fous les attributs de la Mufique, par M. *Nattier*, Académicien.

144. Un Tableau d'environ quatre pieds fur deux, reprefentant un Cavalier fur une aire de Manége, pour affouplir un Cheval.

145. Autre de même grandeur, au paffage aire de Manége, par M. *Parrocel*, Confeiller de l'Académie.

Le portrait de M. Orry, Contrôleur-General des Finances, gravé d'après M. *Rigaud*, Ecuyer, Chevalier de l'Ordre de S. Michel, Recteur et ancien Directeur de l'Académie.

Thalie chaffée par la Peinture, fujet allegorique, d'après M. *Coypel*, Ecuyer, Premier Peintre de Monfeigneur le Duc d'Orléans, ancien Profeffeur.

Un fujet tiré de Dom Guichotte, d'après le même.

Trois autres fujets champêtres, d'après le même, par M. *Lépicié*, Secretaire & Hiftoriographe de l'Académie.

Vis-à-vis, Les Œuvres de M. *Surugue;* au-deffous, plufieurs Portraits en mignature, renfermés fous une glace & dans la même bordure, par M. *Drouais*, Académicien.

146. Un Tableau d'environ cinq pieds fur fix de large, reprefentant le départ d'Achille, pour aller vanger la mort de Patrocle, fujet tiré de l'Illiade d'Homere, par M. *Jeaurat*, Adjoint à Profeffeur.

147. Autre Tableau de même grandeur, reprefentant

un Païsage orné de figures & d'animaux, par M. *Allegrain*, Académicien.

148. Le Portrait de Madame Deschamps, avec un petit Lapin, à qui elle donne de l'herbe à brouter, par M. *Allou*, Académicien.

149. Le Portrait d'une petite fille de M. Mahon, Marchand, s'amusant avec sa Poupée, par M. *Chardin*, Académicien.

Les Œuvres en gravûres de M. *Surugue*, Académicien.

Vis-à-vis, Deux sujets gravés, l'un représentant Diogene, qui a trouvé l'homme qu'il cherchoit, d'après M. *Autereau le pere*.

L'autre, l'Homme assujetti au travail, d'après *Le Feti*, par M. *Thomassin*, Académicien.

150. Le Portrait de M. Deschamps, représentant un Solitaire tenant un Livre, par M. *Allou*, Académicien.

151. Un petit Tableau en hauteur de trois pieds sur deux, représentant un Christ en Croix & des Soldats troublés, par M. *Courtin*, Académicien.

152. Un Trophée de chasse en hauteur de dix pieds sur deux de large, par M. *Huilliot*, Académicien.

153. Un Portrait en Buste de Marbre blanc, sans draperies, traité dans le goût de l'antique.

154. Idée d'une Fontaine publique pour une Ville.

155. Un Modéle en terre cuite pour une Fontaine; l'on y voit un Triton & une Nereïde couchés aux côtés d'un Hippopotame, animal monstrueux qui se trouve dans le Nil.

156. Autre modéle en terre cuite, représentant cet enfant, dont Pline le Naturaliste fait mention, qui

avoit ſçû apprivoiſer un Dauphin du lac Lucrin, &
l'avoit accoutumé à le porter ſur ſon dos, depuis
Baïes juſqu'à Pouzzole, où cet Enfant étoit obligé
d'aller tous les jours à l'école, par M. *Edme Bou-*
chardon, Agréé de l'Académie.

157. Un bas relief repreſentant une Arcade, ornée
de deux figures.

158. Un modéle de ronde boſſe en terre cuite, repreſentant S. Paul.

159. Autre modéle en terre cuite, repreſentant
Judith tenant la tête d'Holopherne, par M. *La Datte*,
Agréé de l'Académie.

160. Une Figure bronzée, repreſentant Hercule
couché, tenant des Pommes des Eſpérides.

161. Une Tête de Vieillard en terre cuite.

162. Autre Tête en terre cuite repreſentant le portrait de Madame la Comteſſe de Feuquieres, fille de
feu M. Mignard, I. Peintre du Roy, par M. *Le Moyne*,
le fils, Académicien.

163. Un modéle en terre cuite, repreſentant un
S. François Xavier.

164. Un bas relief moulé en plâtre, repreſentant le
martyre de l'Apôtre S. Philippe, qui ſera executé en
bronze pour la Chapelle de Verſailles, par M. *La Datte*,
Agréé de l'Académie.

165. Un Buſte de terre cuite d'un Portrait antique.

166. Une Nymphe enfantine, auſſi de terre cuite,
ſe joüant avec un Signe, à qui elle donne un poiſſon
à manger.

167. Un bas relief moulé en plâtre, qui s'execute en
bronze pour une des Chapelles de Verſailles, repreſentant

Ste Adélaïde Imperatrice, faifant fon dernier adieu à S. Odilon Abbé de Cluny.

168. Une Figure bronzée de ronde boffe en terre cuite, repréfentant le Pape S. Gregoire donnant l'Abfoute au Peuple, par M. *Adam l'aîné*, Adjoint à Profeffeur.

169. Un modéle en plâtre de ronde boffe, reprefentant Promethée attaché fur le mont Caucafe, & dévoré par un Vautour, par M. *Adam le cadet*, Agréé de l'Académie.

170. Un modéle de terre cuite bronzé, reprefentant une Vierge de la proportion de deux pieds, affife fur des nuées, tenant l'Enfant Jesus à côté d'elle fur un globe, par M. *Vandervoort*, Agréé de l'Académie.

171. Une Figure moulée en plâtre de la proportion de deux pieds, reprefentant Ajax qui fe donne la mort pour n'avoir pu obtenir les armes d'Achille.

172. Une Efquiffe de terre d'un Satyre Marcias qui s'efforce de rompre fes liens.

173. Autre Efquiffe en terre cuite, reprefentant S. Jerôme qui fe frappe la poitrine, par M. *Vinache*, Agréé de l'Académie.

174. Dans la Croifée fur l'Efcalier, le Portrait de M. l'Abbé Berger, appuyé fur un livre.

175. Le Portrait de M. Rouffeau, Poëte illuftre du Siécle, âgé de 68. ans, par M. *Aved*, Académicien.

Les quatre Saifons deftinées pour le château de la Muette :

176. Le Printemps.

177. L'Eté.

178. L'Automne.

179. L'Hyver; par M. *Lancret*, Confeiller de l'Académie.

180. Un grand tableau de 10 pieds fur 7, reprefentant une Marine ou vûë de fantaifie & Port de Mer,
dans lequel paroît un vaiffeau de flanc, appelé l'amiral
d'Hollande : l'embouchure du port, un vaiffeau françois; fur le devant un autre grand vaiffeau qui reprefente l'amiral de Malthe; à côté celui de Livourne, &
plufieurs autres : le devant eft enrichy de Palais &
Architecture, par M. *Grevenbroeck*, Académicien.

Quatre tableaux de différentes vûës, pour la chambre
du Roy, à la Muette.

181. La vûë de S. Cloud & du pont de Sève.

182. La vûë du château de Meudon & du village du
côté du parterre.

183. La vûë des Invalides, avec une partie du faux
bourg S. Germain.

184. La vûë du château de la Muette, avec l'arrivée
du Roy, par M. *Grevenbroeck*, Académicien.

Le tout décoré par M. *Stiemart*, Académicien.

Recûeilli & mis en ordre par les foins de *Reydellet*,
Concierge & Receveur de l'Académie.

Nogent-le-Rotrou, Imprimerie de A. Gouverneur.

CONDITIONS DE LA SOUSCRIPTION

A LA

RÉIMPRESSION DES ANCIENS LIVRETS

Chaque volume sera livré aux souscripteurs moyennant le prix :

De 1 fr. 25 sur papier vergé;

De 2 fr. 50 sur papier de Hollande;

De 3 fr. sur papier de chine.

Les souscripteurs de Paris recevront les volumes à domicile. Ceux de province ou de l'étranger pourront se les faire envoyer en payant en surplus les frais de poste, s'ils ne préfèrent les faire réclamer aux bureaux de souscription.

On souscrit :

Chez : MM. Liepmannssohn et Dufour, libraires, 11, rue des Saints-Pères;

M. Dumoulin, libraire, 13, quai des Augustins;

A la *Librairie des Auteurs et de l'Académie des Bibliophiles*, 10, rue de la Bourse;

Aux bureaux de la *Gazette des Beaux-Arts*, 55, rue Vivienne.

Nogent-le-Rotrou, imprimerie de A. Gouverneur.